情報とフィールド科学 1

映画から世界を読む

Hiroyuki Yamamoto
山本博之 著

Contents

目次

画像提供
1～12：シャリファ・アマニ氏のご厚意による
13～30、32～40及びコラム：杉野希妃氏のご厚意による

情報から情報を引き出す方法論

現代世界はたくさんの情報で溢れています。技術やツールの発達によって、これまで利用できなかった情報が利用できるようになり、多くの情報を短い時間に少ないコストでやり取りできるようになりました。また、情報の発信も容易になり、個人でも様々な形の情報を容易に発信できるようになりました。[*1]

このように、利用できる情報の種類や量が増えたことで、これまで私たちが知ることができなかった事柄も知ることができるようになりました。学問の世界、中でも生きた人間社会の歴史や現実を幅広く扱うフィールド科学と呼ばれる分野においては、これまでは誰かによって書かれたもの（文献資料）や統計資料、人々の生活の痕跡（例えば発掘出土品）や都市計画・建築、若干の画像・絵画資料に依存せざるを得なかった資料の範囲が急速に広がりました。しかし、それによって私たちを取り巻く様々な事柄がよりわかるようになったとは限りません。情報の種類や量が増えても、それを読み解くツールや方法論が十分に確立していないためです。現実世界には、数字や文字テキストのほかに、音声、図画、動画、形、景観

＊1　情報化時代と大学・学界
「情報」は、解釈の方向や射程によっていくつかに区分される。特定の意図を持たずに収集され、それ自体はいかようにも解釈可能な情報は「information」である。informationをもとに、国家や企業などの何らかの主体が特定の意図や関心に即して解釈を加えたものが「intelligence」で、外交やビジネスなどの具体的な場面での意思決定に役立つが、政権や方針が変わると有効性を失う。これに対し、具体的な場面での意思決定に役立つことを直接の目的にせず、時代や地域が変わっても通用する形で取り出され、共有され蓄積されたものが「knowledge」である。これまでは「大学・学界はknowledge、国・企業はintelligence」という暗黙の了解があったが、これからの時代もこの分業のままでよいのかが問われている。

などの様々な種類の情報があり、それらをどのように扱えばよいのかはまだ十分に確立していません。このブックレット・シリーズは、そうした混沌と溢れる情報の中からフィールド科学にとって有用な情報を引き出す方法について考える手引きとして発行しました。

中でもこの巻では映像、特に映画を取り上げます。後述するように、映画は、その誕生以来、時々の最先端の技術や表現手法を取り入れながら、時代と地域の諸相を反映しつつ発展してきた、音声・映像・物語が組み合わさって作られる総合的な情報源であるからです[*2]。

「動画」は見るけど「映画」は見ない？

みなさんは映画は好きですか。年に何本くらい映画を見ますか。

日本映画製作者連盟は、毎年一月に前年の国内の映画産業に関するデータを発表しています。それによると、二〇一四年の日本国内の映画入場人数は一億六一一六万六〇〇〇人でした[*3]。日本の人口約一億二七〇〇万人で単純に割ると、日本人は国内で年間に一人あたり一・二七本の映画を映画館で見ていることになります。映画館以外でもっぱらＤＶＤやブルーレイディスクを借りて家で見るという人も少なくないでしょうが、いずれにし

＊2　映画の歴史から

一八八九年　アメリカでトーマス・エジソンが活動写真の映写機「キネトスコープ」を発明。

一八九五年　フランスでリュミエール兄弟がスクリーン投写式映写装置「シネマトグラフ」を使った初の映画興行を行う。

一九〇二年　特殊効果を使った空想的な映像を具体化した最初のＳＦ映画『月世界旅行』がフランスで製作される。

一九二七年　初めて俳優の声が撮影と同時に録音されたトーキー映画『ジャズ・シンガー』がアメリカで公開される。

一九三二年　アメリカでウォルト・ディズニーのアニメーション映画『花と木』でカラー映画が作られるようになる。

一九三三年　マレーシア（シンガポール）で最初の劇映画『ライラとマジュヌン』が製作される。

＊3　映画入場人数

出典：日本映画製作者連盟（http://www.eiren.org/）

ても「毎日のように」映画を見るという人は多くないようです。

それでは質問を変えてみましょう。みなさんは、ネット配信などの動画をどのくらい見ていますか。NHK放送文化研究所が二〇一〇年九月に行った「デジタル放送調査二〇一〇」によると、パソコンや携帯電話でインターネットを利用する人は五三％、インターネットで動画を見ている人は三一％で、男女ともに一六〜二九歳ではかなり多くの人が「毎日のように」動画を視聴しています。*4 つまり、ほとんどの人は「動画」は頻繁に見るけれど「映画」はさほどでもないというのが私たちの日常だと言ってよいでしょうし、自他ともに認める映画好きという人は少なくなっているように思います。

映画が「分かりにくく」なったわけ

あなたは映画が好きですか。あまり好きではないと答えたあなたは、何が理由ですか。このように質問すると、「最近は筋が分からない映画が増えたので敬遠している」という人がいます。確かに映画は、昔ほど「分かり易く」なくなっているかもしれません。そうだとしたら、なぜ映画の筋が分かりにくいと感じられるのでしょうか。

＊4 デジタル放送調査
出典：小島博・山田亜樹・仲秋洋「浸透するタイムシフト、広がる動画視聴：「デジタル放送調査二〇一〇」から・パートI」『放送研究と調査』二〇一一年三月、二-二五頁。小島博「人々はデジタル化をどう受け止めているのか：「デジタル放送調査二〇一〇」から・パートII」『放送研究と調査』二〇一一年五月、八-二一頁。

その背景の一つとして、日本で見ることができる映画の種類が増えて、世界のいろいろな地域の映画が見られるようになった、ということが考えられます。

かつて、ほとんどの映画は国ごとに作られ、楽しまれてきました。制作する側と見る側の間に文化的な共通性があって、映画を作る側と見る側がそこに描かれている意味を共有しながら映画を楽しんできました。あるいは、欧米の映画を見て、自分たちの社会とは全く異なる「先進国」の文化の香りにふれて映画を楽しんできました。欧米以外の海外から紹介される映画は限られ、特に文化的共通性を超えた作品は、特別な上映会等でないと見ることが出来ませんでした。ところが今では、ハリウッド映画、香港映画、ボリウッド映画（インド映画）だけでなく、韓流映画や中華映画、そして東南アジアの映画など、アジア各地を含むいろいろな地域のいろいろなジャンルの映画が見られるようになっています。[*5] 映画が作られる地域によって社会の文化的背景が異なるため、そのことを理解せずに映画を見ても筋がよく理解できないということも当然起こるわけです。

映画の筋が分かりにくいと感じられるもう一つの背景は、映画が依拠する現実の世界自体が分かりにくくなっているためです。例えばアクション映画やスパイ映画等でも、いわゆる「冷戦」の時代には、結局のところ誰

＊5　アジアの映画
ボリウッド映画：インド・ムンバイの映画産業全般につけられた俗称。ムンバイの旧称「ボンベイ」の頭文字「ボ」とアメリカ映画産業の中心地「ハリウッド」を合わせてつけられた。多くは三時間前後の大作で、わかりやすいストーリーの娯楽作。ストーリーの途中で場面ががらりと変わり、原色の豪華な衣装、多数のバックダンサーによるミュージカルシーンが挿入され、歌や踊りを十二分に堪能できる。
香港映画：一九七〇年代初頭の香港で製作された「燃えよドラゴン」の大ヒットにより、一挙に世界的に認知されるジャンルとなった。カンフー映画は登場人物たちの肉体を駆使した格闘アクションを見せることが主な目的で、多くの場合、物語そのものはごく単純で定型化されたもの。香港で発達したワイヤーアクションと呼ばれるアクション演出技法は、のちのハリウッドアクション映画に大きな影響を与えた。
韓流：二〇〇三年四月にNHK‐BS2の海外ドラマ枠で『冬のソナタ』が放送され人気を博したことにより始まった。

が敵で誰が味方か、という点は明瞭でした。しかし冷戦終結後は、自分が善で相手が悪だと唱えるそれぞれの陣営にはっきり分かれていた秩序が崩れて、どことどこが結んでいてどことどこが対立しているのか、どちらが善でどちらが悪かを見極めるのが難しくなりました。世界各地で起こっている事柄をどのように理解すればよいのか、すぐには判然としないほど混迷化が進みました。

「映画のようなことが現実になった」という表現がしばしばされます。最近の出来事では、二〇一四年三月にマレーシア航空三七〇便が行方不明になった事件が「映画のようだ」と形容されました。少しさかのぼると、二〇〇一年九月一一日の米国同時多発テロでは、ニューヨークにある世界貿易センター・ビルにハイジャックされた旅客機二機が激突し、二棟の超高層ビルが崩壊する様子がテレビ中継で世界に放映されました。これらの事件が「映画のようだ」と形容されるとき、その意味は、映画のような非現実的で荒唐無稽な出来事が現実に起こったということです。現実の世界の混迷度が増して筋が読みにくくなり、文字通り「映画のようになった」。だから、映画の方はますます現実世界以上の複雑な筋を考えざるをえず、ますます話が分からなくなってきた、という解釈もあながち無理ではないかもしれません。

「情報災害」の時代

さて、現実の世界で起こっている事柄をどのように理解すればよいのか分からず、現実を解釈するための拠り所となる基準や考え方に確信が持てなくなっている状態を「情報災害」と呼びます。[*6] これは、東日本大震災とそれに伴う福島原発事故の後の日本社会を指すために考えられた表現です。現実の世界をどのように解釈するか、その読み解き方をそれぞれの人が提示しあい、自説の正しさを主張しあう一方で、どれが適切で妥当なのかを定めることができず、情報はたくさんあるのに不安は増すという事態です。インターネット上では、風説、噂、学説、報道、裏情報、個人の体験など、真偽のレベルがそれぞれ異なる様々な種類の情報が混じりあっています。さらに、インターネット上で議論されている読み解きは、その根拠を検証したのかが十分に検討されることなく、現実の世界に浸透し、人々の行動や態度を左右していくようにもなりました。こうした「情報災害」からどうやって身を守るのか、社会を守るのかが今日の課題です。

映画の世界、とりわけ劇映画の世界は、創作されたフィクションの世界です。けれども、インターネット上の仮想空間での情報のやりとりが現実

＊6 情報災害
かつては政府、マスコミ、大学・学会などが情報の収集・解釈・発信の権威であったが、近年ではこれらの権威に対する信頼が大きく損なわれつつある。日本ではとりわけ二〇一一年三月に発生した東日本大震災およびそれに伴う福島原発事故の後に顕著である。その一方で、インターネット上には「生の情報」が氾濫しており、情報の権威が信頼できなくなった人々は、どこかに隠された真実があると思い、インターネットの情報の海に漕ぎ出し、ときに溺れる。このような状況を、仙台市在住の作家・瀬名秀明が東日本大震災直後に「情報災害」と呼んだ。（笠井潔・巽孝之監修、海老原豊・藤田直哉編『3・11の未来――日本・SF・創造力』作品社、二〇一一年。）

の世界に大きな影響を及ぼすように、映画をどう理解するかということは、現実世界を理解することと深く関わります。逆に言えば、フィクションの世界を読み解く力を鍛えることで、フィクションの世界を読み解いた結果を現実に反映させることも可能になると言ってよいでしょう。

欧米的な権威と様々な家族の形——アジア映画に映し出されるもの

この冊子では、映画の読み解きにあたってアジア映画に注目します。[*7] それには二つの理由があります。

一つは、アジア映画では、主流派、体制派、多数派など呼び方は様々ですが、権威を持つ存在が世の中にあり、それと自分がどのように関係を作ってどのように付き合うかという課題がしばしば描かれているためです。しかも、その権威の拠り所はしばしば欧米人や欧米文化と重なり、それが登場人物たちの生活に様々な形で影を落とします。現代世界では好むと好まざるとにかかわらず欧米で整えられた技術や価値が世界のいろいろな面で標準となっていて、アジアの多くの地域でも、いろいろなレベルにおいて、欧米の技術や価値をどれだけ身につけたかによって能力や成果が評価される状況があります。このような状況への反応には、一方の極とし

＊7　アジア映画
アジア映画研究者の四方田犬彦は、アジア映画を「国際的に著名な監督の手になる「作家」のフィルム」と「監督名も定かでないままに蔑ろにされてきたローカルな大衆映画」の二つに分類した（四方田犬彦『アジア映画の大衆的想像力』青土社、二〇〇三年）。前者を「国際映画祭を通して世界中に配給されてゆくA級映画」、後者を「けっして国内から出ることがなく、外国ではまったく知られる機会のないB級映画」とも表現している（夏目深雪・佐野亨編『アジア映画の森―新世紀の映画地図』作品社、二〇一二年）。別の著作では、前者を「ニューウェイヴ」と呼び、後者をさらに「ナショナリズムの映

て「欧米人以上に欧米人になる」ことによって競争に勝ち残ろうとする態度があり、もう一方の極としては、欧米に由来するものを全て拒絶して、地元の伝統的な価値基準で評価されるように努力するという態度がありえます。どちらの態度もよほどの覚悟と力がなければ成功は難しく、多くの人は欧米の価値基準をある程度受け入れながらやっていくしかありません。つまり問題は、受け入れるのか拒絶するのかの二者択一ではなく、どのように折り合いをつけていくかということになります。このような関係の中で生じる問題は、欧米とアジアの間だけでなく、私たちのより身近な生活空間の中で、たとえば学校で、サークルで、アルバイト先で、あるいは就職した先で、先輩や先生や上司との関係の中でどう折り合いをつけていくかという問題とも重なります。

もう一つは、アジア映画にはしばしば様々な家族の形が織り込まれ、そこに現実の地域社会の有り様が映し込まれているということです。アジア映画の読み解きをすることで、私たち一人一人が社会と関わりを持つ上での重要な接点である家族のあり方について考えることができます。

アジア映画で繰り返し家族のあり方の問い直しが行われるのは、家族をめぐる問題が、私たちが社会の一員として現実の世界を生きていく上で誰もが避けて通ることができない課題と密接に結びついているためです。私

画」と「大衆娯楽映画」の二つに分けている（四方田犬彦『アジア映画』作品社、二〇〇三年）。ここでは、四方田の分類を参考にしつつ、映画の筋や背景を理解する共通理解が及ぶ範囲に着目してアジア映画を三つに分類する。一つ目は、特定の国・地域の文脈で作られ、地元の人々に鑑賞されることを前提に作られる映画で、戦意高揚のための国策映画や体制批判の社会派映画もこのカテゴリーに含まれる。二つ目は、特定の国・地域の文脈を離れて世界の観客に鑑賞されることを意識して作られる映画で、しばしば国際映画祭などに出品される。三つ目は、特定の国・地域の文脈で作られているが、その地元の文脈が世界的に知られるようになったことで、世界の観客に鑑賞される映画である。ボリウッド映画や香港映画などがこれにあたり、韓流映画は第一のカテゴリーから第三のカテゴリーに移行しつつあるといえる。

たち自身はどの家族に生まれてくるかを選べません。そこから、誕生以来与えられた条件の中でどのように折り合いをつけていくかという課題が出てきます。自分が選んだわけではない家族の中で、どのような子どもとして家族のメンバーになるのかという課題は、アジアの人々にとっていつも切実な問題です。[*8]

生まれ育った家族の中でうまくメンバーになれないときにどうするか、あるいは、生まれ育った家族から出ていくべきときが来たときにどうするかという課題もあります。そこでは、今度は自分が一家の主となって家族づくりをしようとするときに、誰とどのような家族を作るのかという新たな課題が出てきます。これらの課題は、自分一人でこの世に生を受けることはありえず、必ず誰かの子として生まれ、そして社会の中に自分を位置づけながら生きていく私たち誰にとっても等しく切実な課題です。

直接の血縁関係ではない義理の家族や義兄弟の関係を描く映画もたくさんあります。『黒夜行路』（原題 Call If You Need Me、マレーシア、二〇〇九年）など、ヤクザ映画には疑似的な血縁関係が多く描かれます。一方、自分の血が直接繋がっていなくてもいいので子どもがほしいという人が出てくる映画もあります。『Tiger Factory』（マレーシア、二〇一〇年）や『Songlap』（マレーシア、二〇一一年）のように、他人の赤ちゃんを

＊8　アジア映画と家族
アジア映画の中の家族の描かれ方を見ると、思いのほか、家族の中に欠けた存在があることがわかる。たとえば、海外にもファンが多い宮崎駿監督の作品では、血のつながった父親や母親がいないことがよくある。『となりのトトロ』（一九八八年）では、母親は病気療養中で、父・娘たちと離れたところにいる。『千と千尋の神隠し』（二〇〇一年）では、物語の序盤で千尋の前から両親がいなくなってしまう。『崖の上のポニョ』（二〇〇八年）では、父親は船に乗っているのでふだんは家におらず、家では母と息子は対等な関係の友達親子である。『天空の城ラピュタ』（一九八六年）では、やんごとなき血筋のお姫様には彼女を守ってくれるはずの両親がいない。

誘拐したりお金で買ったりするという話には、正式な養子縁組の手続きを踏むわけではありませんから、むしろ「自分の赤ちゃん」として手に入れようとする、つまりは、見せ掛けの上だけでも血のつながりがあることが大事だという思いが透けて見えます。

アジア映画の中の家族

アジア映画[*9]でしばしば描かれる家族のあり方をいくつか列挙してみましょう。一見すると家族のようには見えないものも含まれていて少し注意が必要なものもありますが、基本の課題は共通しています。

◉父と息子の関係。息子は欧米に留学したのに有名な大学を卒業できなかった、あるいは海外の大学を卒業できずに帰国することになった。『シンガポール・ドリーミング』(原題 Singapore Dream、シンガポール、二〇〇六年)では、アメリカ留学から帰国して仕事を始めた息子が事業に失敗します。勉強でも仕事でも成果をあげて一人前になり、成功することが父親から求められる一方で、息子はそのような成功への期待というプレッシャーに必ずしも十分に応えられ

＊9　**アジア映画の書籍紹介**
近年、アジア映画からアジアの社会を捉えようとする書籍が多く刊行されるようになっている。対象とする国・地域の範囲が広がり、日本で製作された映画や複数の国で製作された混成アジア映画も含められている。代表的なものとして、以下の三冊を紹介する。
・石坂健治ほか監修、夏目深雪・佐野亨編『アジア映画の森——新世紀の映画地図』作品社、二〇一二年。
・『地域研究』(第一三巻第二号)「総特集　混成アジア映画の海——時代と世界を映す鏡」昭和堂、二〇一三年。
・夏目深雪・石坂健治・野崎歓編『アジア映画で〈世界〉を見る——越境する映画、グローバルな文化』作品社、二〇一三年。

ていない様子が描かれます。

●父と娘の関係。娘が異民族の恋人を親に紹介するが、父親は結婚を認めようとしない。『ジャーニー』（原題：一路有你、英題 The Journey、マレーシア、二〇一四年）では、イギリス留学からマレーシアに帰国した娘が連れてきたイギリス人の恋人との結婚をよく思わない父親は、伝統的なしきたりに従って結婚式の招待状を手渡しすることを条件にして、そのためイギリス人と父親がバイクの二人乗りでマレーシア中を訪れる旅に出ます。

●親子の間で通じない言葉がある。特に、親が読み書きする文字を子どもが読み書きできない。『Sandcastle』（シンガポール、二〇一〇年）では、主人公の青年は学校で標準中国語を学んだ世代で、中国語方言を話す祖父母と会話ができず、また、学校では簡略化された簡体字を習ったため、亡くなった父親が書き残した繁体字の手紙が読めない様子が描かれています。

●親と子で宗教が異なり、子が親の弔いをすることが難しい。『空を飛びたい盲目のブタ』（英題 Blind Pig Who Wants to Fly、原題 Babi Buta Yang Ingin Terbang、インドネシア、二〇〇八年）では、妻に先立たれたキリスト教徒の男性が、家系を絶やさないために跡継ぎがほしくてイスラム教徒の女性と再婚し、イスラム教に改宗したため、男の子が生まれて家系は続いたけれど自分の父親の葬儀を執り行うことができなくなります。

現実世界を見るための映画

改めて、どうして映画を通じて世界を見ようとするのか。理由の一つは、何よりもまず、そうすることで映画の内容をより深く知ることができ、映画をいっそう楽しむことができるためです。映画は総合的な表現手段であり、映像だけでなく音声やその他の様々な要素が絡み合って成り立っています。登場人物が幸せそうに笑っていても、それを見る他の登場人物の視線や背景の音楽によって、本当はそうではないと示すこともできます。言葉で説明されないため、場面をどう解釈するかは観客に委ねられています。しかも、今日では、通信技術の発達によって個人が映像を製作して多くの人の目に触れるように公開することが容易になっているため、さらにメッセージを受け取めにくい状況が生まれています。つまり、文学などの文字による表現に比べて、様々な情報が大量に詰まっている（それだけに「情報災害」に陥りやすい）という性質があります。

　また、前述したように、映画は私たちの身のまわりの社会や世界を理解するためのトレーニングの機会を与えてくれます。社会や世界を理解するには複合的な手法が必要で、経験やコツが必要ですが、映画はそれを行う素材を提供します。社会や世界を理解するなら現実の社会や世界を見ればいいではないかと思う人がいるかもしれませんが、現実社会には五感で感知できるものだけでも様々な情報があり、それらを一つ一つ捉えることはとてもできません。それに、現実世界は常に移り変わっていくため、そのとき見逃してしまうと二度と見られないというおそれがあります。

　映画は、現実世界を切り取ってスクリーンで見せるため、制限された情報を提示します。しかも、そこに描かれている場面のほとんどは、監督をはじめとする製作者が意図的に配置したものです。つまり、その情報は操作されたものではあるのですが、逆に言えば、適度に整理された情報でもあります。しかも、映画は同じ場面を繰り返し見ることができます。そのため、現実世界を理解するための練習に最適です。

　さらに言えば、映画には製作者の思惑が全て反映されているわけではありません。意図しないものが映りこんでしまうこともあります。また、現実世界に足場を置く以上、時代や地域という制約を受けることになります。アニメやCGを使えば現実世界にない映像を作ることはできますが、所詮、その時代に使うことができる技術の枠内でしか映像が作れないという意味では、時代や地域の制約を受けています[*10]。映画に映りこんでしまった時代や地域の制約を見つけて、その意味を読み解くことは、映画から世界を読む際の楽しみの一つでもあります。

映画とドキュメンタリー

映画と似たジャンルの映像表現としてドキュメンタリーがあります。映画は基本的に脚本があって、監督の指示のもとで役者が演技して物語を作るため、たとえ実話をもとにしていたとしてもフィクション、つまり作り話です。それに対してドキュメンタリーは、出演する人たちは役者ではなく、監督が演技を求めるのでもなく、出演者がそれぞれ思うように行動し話をするのを記録してストーリーを作ります。したがって、映画に描かれていることは現実だとは限らないけれど、ドキュメンタリーは現実を切り取っているのでそこで描かれていることは基本的に事実だとみなしてよい、という考え方があります。しかし、ドキュメンタリーでも、現実のどの場面を切り取って映像にするかによって、伝わる内容や受け止め方は大きく変わります。また、一般的に言えば、「分かり易い」ドキュメンタ

＊10　アニメやCGの技術　アニメーション映画も製作時に利用可能な技術によって制約を受けるため、地域性や時代性が映像に反映される。たとえば『モンスターズ・インク』（原題 Monsters, Inc.、アメリカ、二〇〇一年）ではモンスターの毛皮のフサフサ感が表現できるようになり、『ファインディング・ニモ』（原題 Finding Nemo、アメリカ、二〇〇三年）では水中を描く表現が可能になった。『アナと雪の女王』（原題 Frozen、アメリカ、二〇一四年）ではさくさくの雪が表現可能になっている。

リー作品ほど、一つの作品で一つのメッセージを訴えるように制作され、そのドキュメンタリーのテーマが何で視聴者はストーリーをどう受け止めればよいのかがシンプルに表現されます。それに対して、芸術作品や娯楽作品として作られる映画は、一般にストーリーはより込み入っていて、観客一人一人がテーマやメッセージを見つけ出さなければなりません。しかも、そこで描かれていることの一つ一つについて、必ずしも意図が明確に掴めるわけでもありません。したがって、ドキュメンタリーが世界を知るための練習問題だとしたら、映画は応用問題だということになります。この巻では、応用問題としての映画を特に取り上げます。

ノイズを読む

映画を読み解く下準備として、はじめに「ノイズを取り除く」ということについて考えてみます。noise を英和辞書で引くと、騒音とか雑音とかいう意味が当てられています。ラジオを聴いているときにザーッという雑音が入ることがあります。また、野外で鳥の鳴き声や電車の音などを録音するときには、対象とする音以外の音も拾ってしまうことがあります。そうした余計な音もノイズです。ノイズが入ると本来の音が聞きにくくなりますし、ひどくなると本来の音が聞き取れなくなります。そのため、ノイズを除去する技術も開発されています。音は波形で表わされるため、波形の形を整えることで、余分なノイズを除去して本来のターゲットである音を取り出すことができます。

ノイズはもともと騒音または雑音の意味で、文字通り音について言うものでしたが、そこから意味が拡大して、音でなくても、求めるものと無関係な情報のことをノイズと呼ぶようになりました。たとえばコピーしたときのかすれがそうです。図❶は、ジャウィ（アラビア文字表記のマレー語）で書かれた文書の一部です。マイクロフィルムで保存されていたものの一部を画像にしたものですが、古いマイクロフィルムの資料にはかすれが多くつきます。アラビア文字では上下に点が何個あるかによって文字が違うため、どれが本当の点でどれが印刷のかすれかを見極めないと文字を読み間違えることになります。つまり、いくつもある点の中から、本来の文字の一部であれば残し、それ以外のノイズは取り除く必要があります。ノイズとは本来求めるものと無関係な情報であり、それを取り除くことで求める情報を手に入れることができます。

ノイズに関して重要なことは、ノイズを最小限にするための技術がどれほど進んでも、現実世界で情報を転写したときには必ずノイズが含まれて

1

しまうということです。程度の差があり、ノイズが無視できる程度のものもあれば、無視できない程度の大きなものもありますが、いずれにしろノイズが完全になくなることはありえません。

多くの場合、ノイズは情報を得る上での余計者ではあるのですが、状況によっては、本来必要なものとは無関係なノイズが何からの情報をもたらしてくれることがあります。刑事ドラマで、観光地での記念写真にたまたま写りこんでしまった人がいて、その情報が決め手となって犯人逮捕に結びついたというストーリーがありますが、こうした例を考えてみれば、ノイズだと思った部分に別の重要な意味があったということになります。

生命史において、遺伝子情報の複製のエラーから作られるノイズが突然変異を生むように、ノイズが常に情報伝達の妨げになるというわけではなく、立場や見方によってノイズがノイズでなくなることもありえます。時間と空間を伴って現実の中に位置を占める存在には、必ずノイズが含まれます。通常、私たちはノイズの部分を取り除いて本来の情報を受け取ろうとしますが、前述したように、ノイズの部分が何らかの意味を持つこともありえます。

さらに一歩進んで、本来の情報とノイズを別々に読むのではなく、両者をあわせて読み解くことで全体像を捉えるということも考えられます。ただし、それを可能にするには、はじめから本来必要な情報とノイズを混ぜてしまうのではなく、どの部分が本来必要な情報でどの部分がノイズかを知って両者を区別した上で、あわせて全体像を捉えるということです。

現実世界にあるものであれば、転写したときにノイズが含まれてしまうことは避けられません。音声、映像、そして物語が組み合わさってできている総合的なメディアである映画ではなおさらです。

映画には作り手の思惑を超えたものが映ります。作り手の思惑に反して画面に映りこんでしまったものを捉えることを通じて映画から現実社会を読み解くことが可能になります。こうした意味でも、映画は現実世界を捉えるための実践的なトレーニングとして重要な位置を占めていると言えるのです。

映画の読み解き（1）　時間で4つに区切る

まずは映画のあらすじを書き出してみましょう。本を読んであらすじをまとめたことはあると思います。映画も本と同じく一つの物語ですから、本を読んであらすじをまとめるのと同じように、映画のあらすじもまとめることができます。ただし、どこまで細かくまとめるのかを決めておかないとあらすじが長くなってしまい、全体の様子を大掴みするのが難しくなります。

映画のあらすじを大まかに捉える方法として、上映時間で四つの部分に分けて、それぞれの部分のあらすじを束ねる方法があります。それぞれの部分を一行ずつにまとめると、映画全体のあらすじを四行で語ることができます。

この方法は、映画の上映時間の長さにかかわらず使うことができます。極端に言えば、上映時間が四時間に及ぶ超大作であれば一時間ずつの四つに区切り、上映時間が一分であれば一五秒ずつ四つに区切ります。一秒も誤差があってはいけないということではなく、内容を見て多少は区切りを前後にずらしてもかまいません。四時間の映画と一分の映画を同じ四行でまとめて良いのかと思うかもしれませんが、どちらも一つの物語として見れば、物語の起承転結を四行にまとめて掴むことができます。

映画の広告やパンフレットなどに作品のあらすじが書かれているのを見たことがあると思います。気をつけて読んでみると、多くの場合、映画のあらすじとして紹介されているものは、四つに区切った第一の部分だけか、せいぜい第一と第二の部分だけになっています。第三の部分以降を紹介してしまうと「ネタばらし」になってしまうためでしょう。

それぞれの部分のあらすじをどう書けばいいのか、つまり、物語のうちどの部分をあらすじに入れてどの部分を省略するのか、すぐにはうまくいかないかもしれませんが、ちょっとしたコツがあって、実際に試しているうちにあらすじを抜き出すのがうまくなっていきます。とりあえずは、四つの部分のそれぞれについて、登場人物が物語に登場したり退場したりしたらそこに注目する、というのが一つのコツです。

登場するというのは、初めて物語に登場したときもそうですし、物語の中でどこか別の場所に行っていた人が戻ってくるとか、意識不明だった人の意識が戻る、あるいは事故で亡くなった人が幽霊になって現れた、などという場合も含まれます。退場するというのは、物語の中でどこか別の場所に行ってしまったり亡くなったりする場合もそうですし、何かの出来事をきっかけにして性格が大きく変わる場合なども含まれます。

試しに、実際に四つに区切ってあらすじをまとめてみましょう。二分程度の短い作品の例として、映画ではありませんが、マレーシアのテレビCMを紹介します。

『マヤへのご褒美』（原題 Maya、ヤスミン・アフマド監督[*11]、二〇〇五年）というテレビCMがあります。ムスリム（イスラム教徒）は毎年一ヶ月間の断食を行うことがよく知られています。断食月が明けるとお祝いを

＊11 ヤスミン・アフマド監督
一九五八年、マレーシアのジョホール州で生まれたマレー人ムスリム。イギリスの大学で心理学を学び、帰国後にテレビCMの制作会社に所属。ペトロナス社が独立記念日や民族ごとの祝祭日に制作するテレビCMの製作者として知られる。二〇〇三年にテレビドラマの『ラブン』（原題 Rabun）を制作、翌二〇〇四年に『細い目』（原題 Sepet）により長編映画の製作を開始。以降、『グブラ』(Gubra)、『ムクシン』(Mukhsin)、『ムアラフ―改心』(Muallaf)、『タレンタイム』(Talentime)の長編映画をほぼ毎年のように製作した。中心的なテーマは家族愛。マレーシア社会の因習的な権威に挑戦的な場面を敢えて多く入れたため、国内の批評家からしばしば批判を受けたが、東京国際映画祭をはじめとする海外の映画祭で高い評価を受け、国内で再評価された。二〇〇九年七月、脳溢血により死去。死後、マレーシアの映画祭にヤスミン・アフマド賞が作られ（二〇〇九年）、ペラ州イポーにヤスミン・アフマド記念館が開館した（二〇一四年）。

します。断食をすることと、断食月明けにお祝いをすることはどこの国のムスリムでも同じですが、お祝いの呼び名は国によって少しずつ違い、マレーシアでは「ハリラヤ・プアサ」と呼ばれます。『マヤへのご褒美』は、二〇〇五年のハリラヤ・プアサの頃にマレーシアのテレビで流された国営石油会社ペトロナスのCMです[＊12]。CMと言っても特定の商品を売ろうとするものではなく、マレーシア社会の価値を高めようとする意見広告のような性格のものです。

『マヤへのご褒美』の上映時間は二分なので、三〇秒ごとに四つに区切ってみます。登場人物に注目してみると、それぞれのあらすじは次のようにまとめられます。


Ⅰ．小学生の女の子マヤは、父親一人に育てられてきた❷。

Ⅱ．マヤが学校で努力すると、父親はいつもご褒美をくれた❸。

Ⅲ．マヤが一五歳のとき、見返りも求めず年老いた父親の世話をしている青年に出会った❹。

Ⅳ．その青年と結婚した今、見返りを求めず他人に尽くすことの大切さを娘に教えている❺。

＊12　ペトロナスのテレビCM
ヤスミン・アフマドが製作したペトロナス社のテレビCMのいくつかはインターネットの動画投稿サイトで閲覧できる。主なものに以下のものがある。（一部にペトロナス社のテレビCM以外のものを含む。）
①「マヤへのご褒美」(Maya) 二〇〇五年（断食月明け）、二分、英語　http://goo.gl/NmxZHH
②「お代は要らない」(No Charge) 一九九九年（断食月明け）、二分、英語　http://goo.gl/CmKAQn
③「特別な靴」(Special Shoe) 二〇〇五年（独立記念日）、二分二一秒、マレー語（英語字幕）　http://goo.gl/Qqyxud
④「恋するタン・ホンミン」(Tan Hong Ming in Love) 二〇〇七年（独立記念日）、一分三〇秒、英語　http://goo.gl/RkgRCw
⑤「葬儀／愛おしい欠点」(Beautifully Imperfect/ Funeral) 二〇〇九年（シンガポール社会発展青年スポーツ省制作）、三分一秒、英語　http://goo.gl/HEjhjr

郵便はがき

料金受取人払郵便

左京局
承認
7279

（差出有効期限
平成28年
3月31日まで）

606-8790

（受取人）
京都市左京区吉田近衛町69
京都大学吉田南構内

京都大学学術出版会
読者カード係 行

▶ご購入申込書

書　名	定　価	冊　数
		冊
		冊

1．下記書店での受け取りを希望する。

都道府県　　　　市区町　　店名

2．直接裏面住所へ届けて下さい。

お支払い方法：郵便振替／代引　　公費書類（　　）通　宛名：

送料　税込ご注文合計額３千円未満：200円／３千円以上６千円未満：300円／６千円以上１万円未満：400円／１万円以上：無料
代引の場合は金額にかかわらず一律200円

京都大学学術出版会
TEL 075-761-6182　学内内線2589 / FAX 075-761-6190または7193
URL http://www.kyoto-up.or.jp/　E-MAIL sales@kyoto-up.or.jp

お手数ですがお買い上げいただいた本のタイトルをお書き下さい。
（書名）

■本書についてのご感想・ご質問、その他ご意見など、ご自由にお書き下さい。

■お名前
（　　歳）

■ご住所
〒

TEL

■ご職業

■ご勤務先・学校名

■所属学会・研究団体

■E-MAIL

●ご購入の動機
A.店頭で現物をみて　B.新聞・雑誌広告（雑誌名　　）
C.メルマガ・ML（　　）
D.小会図書目録　E.小会からの新刊案内（DM）
F.書評（　　）
G.人にすすめられた　H.テキスト　I.その他

●日常的に参考にされている専門書（含 欧文書）の情報媒体は何ですか。

●ご購入書店名

都道府県　　市区町　　店名

※ご購読ありがとうございます。このカードは小会の図書およびブックフェア等催事ご案内のお届けのほか、広告・編集上の資料とさせていただきます。お手数ですがご記入の上、切手を貼らずにご投函下さい。
各種案内の受け取りを希望されない方は右に○印をおつけ下さい。　案内不要

主な登場人物は四人で、Ⅰでマヤと父親が登場し、Ⅲで青年が登場して、Ⅳで娘が登場しています。一文でまとめたので具体的な情報は省略し

2

3

4

5

ましたが、もう少し詳しく紹介すると、たとえば、Ⅱの部分では、勉強で頑張るとペンを、学芸会で民族舞踊を頑張るとオルゴールを、運動会の徒競走で頑張ると靴をそれぞれ父親からプレゼントされています。

なお、ここでは起承転結の四つに区切る方法を紹介しましたが、映画によっては、能の序破急のように全体を三つに区切るなどした方がわかりやすいということがあるかもしれません。区切り方はいろいろ工夫してみましょう。

映画の読み解き（2）　場所の動きを捉える

さて、あらすじが掴めたら、次にそれぞれの出来事がどこで起こっているのか場所を調べてみましょう。そのとき注意すべきことは、実際に撮影されているのがどこであるかと、それが物語の上でどのように設定されているかは、違っている場合があるということです。

物語上で舞台がどのように設定されているかを調べるのは、実はそれほど簡単なことではありません。日本の映画で舞台が日本だとわざわざ断らないように、作り手と聴衆が同じコミュニティに属している場合、舞台がどこであるかをわざわざ言葉で示す必要がありません。少なくとも国名

6

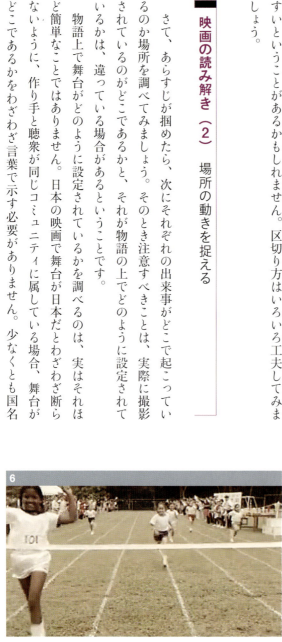

は、たいていの場合自明なものとして、映像の中で明示されることは少ないでしょう。

『マヤへのご褒美』で見てみましょう。どの国の話かは言葉では示されませんが、マレーシアだと考えてよいと思います。登場人物がマレーシア人に見えるし、小学生のマヤが着ているのはマレーシアの小学校の制服だからです。もしかしたらマレーシアによく似た架空の国が舞台だという設定かもしれませんが、この作品は舞台をわざわざ架空の国にする必要がないため、おそらくマレーシアでよいと思います。

では、マレーシアのどこなのか。これは映像を見ているだけではよくわかりません。四つの部分でいうとⅠとⅡで小学校が出てきて、Ⅲでは青年に出会った場所が出てきます。小学校は運動会の様子を見るとグラウンドのまわりが木で覆われていますし❻、青年に出会った場所も田舎のような感じなので❼、マレーシアの首都クアラルンプールの真ん中ではないようですが、それ以上はわかりません。おそらく、マレーシア各地によくある地方の町の一つということなのでしょう。特定の地名を与えないことで、マレーシアのどこに住んでいる人も自分に身近な話だと受け止めることができます。

設定上の場所は作り手にしかわかりませんが、実際に撮影された場所

7

は、撮影スタッフに尋ねたりすることで、映像以外の情報から知ることもできます。ただし、『マヤへのご褒美』が実際にどこで撮影されたかについては、具体的な情報がないのでわかりません。

全体の舞台がどこであるかわかったら、場所の移動や空間の広がりについても調べてみましょう。物語の中で登場人物がある場所から別の場所に移動したり、複数の場所でそれぞれ出来事が起こったりする場合があります。

『マヤへのご褒美』では、ⅠとⅡでマヤの家と小学校が出てきます。マヤは学校の登下校を父親の車で送り迎えされているので❽、家と学校の間は歩いて通える範囲よりは遠いのかもしれませんが、マレーシアの人々の普通の暮らし方から考えて、全くのよその町ではないだろうと思われます。Ⅲで青年と出会った場所は、家や学校があるコミュニティの中にあるのか、それともその外にあるのかはわかりませんが、風景の様子から言えば、全く違った地域という印象はありませんから、それほど遠くではないのかもしれません。つまり『マヤへのご褒美』では、登場人物はそれほど遠くに移動していないようです。その点で、制作者はマレーシアのどこにでもいる「ごく普通の」家族を描こうとしたのかもしれません。

空間の移動で注意すべきことは、映画の中の場所が全て実際の場所とは

8

限らないことです。夢の中の場面かもしれないし、空想を描いている場面かもしれません。夢や空想であることが明確に示されることもありますが、演出上の理由からそのことをわざと曖昧にする場合もあります。

映画の読み解き（3）　時間の流れを調べる

次に、物語の中での時間の流れを調べてみましょう。

まず注意すべきことは、映画の物語が時間の流れに沿って進むとは限らないことです。過去に遡ったり未来に飛んだりするし、それを何度も繰り返したりすることもあります。現在の出来事はカラーで、過去の場面や回想シーンはモノトーンで見せるという工夫をしている場合もあります。

空間のときと同様にここでも注意すべきことは、回想シーンの色彩を変えるように、時間の流れが明示される場合もありますが、演出上の理由でわざと曖昧にする場合もあることです。

『マヤへのご褒美』では時間がどのように流れていたのかを見てみましょう。先ほど分割した四つの場面を見ると、ⅠからⅢまではモノトーン、Ⅳはカラーになっており、これはⅣが現在であることを示しています。

Ⅰはマヤが小学生なので六歳から一二歳の間でしょうが、見た感じでは低学年であるという印象を受けます。実は、マレーシアの事情に通じた人が見ると、冒頭の場面でマヤが小学一年生であることがすぐにわかるのですが、これについては後述しましょう。

試験、学芸会、運動会と三つの出来事があります。全て一年のうちに起こったことなのか、それとも数年にわたって行われたことなのかははっきりとはわかりませんが、育ち盛りの年頃にもかかわらずマヤが大きくなっている様子が見られませんので、おそらく一年のうちに起こったことだろうと推測して良いでしょう。ちなみに、学芸会の場面では、舞台の後ろに「1978」と書かれているのが見えます❾。小学一年生のときに一九七八年だったとすると、マヤが生まれたのは一九七二年ということになります。このように、映画の中に数字や文字が出てくると、それが読み解きの重要な手がかりになることがよくあります。

Ⅲではマヤが一五歳と言っています。ⅠとⅡでマヤが六歳だとしたら、その九年後、ⅠとⅡが一九七八年だったら一九八七年です。そしてⅣでは、マヤが青年と結婚して娘が一人います。これが何年後の話なのかはわかりませんが、ⅠやⅡでマヤが小学生だった頃と娘がよく似ているので、娘は六歳ぐらいになっていると考えてよいでしょう。一九八七年に一五歳

9

で、そのときに出会った青年と何年かしてから結婚して、娘が生まれて、そこから六年が経ったということになります。

短く考えると、たとえば出会ってすぐに結婚して翌年に娘が生まれたとして、現在は二三歳ぐらい、一九九五年頃となります。もう少し時間がかかっていると考えた場合、たとえばマヤが通常の年限で大学を卒業してから結婚したとすると、現在は二〇〇二年頃でマヤは三〇歳ほどということになります。映像ではマヤはもう少し若い印象もありますが、このＣＭが実際に撮影・放映されたのは二〇〇五年なので、それと比べると大きく時期を外しているわけではないようです。

現実映画の読み解き（4）　登場人物の関係を見る

空間と時間に関する舞台設定がわかったところで、主な登場人物の関係を考えます。主な登場人物というのは、ⅠからⅣまでの四つに区切ったあらすじに登場する登場人物だと思ってください。

登場人物どうしの関係を知るには、まず登場人物がそれぞれどのような人物かを知る必要があります。そのためには、性別や年齢や社会的地位（職業など）のような基本的な情報のほかに、どんなところに暮らし、どんな乗り物に乗っているか、どんなものを身につけているか、どんな言葉を話しているか、さらに民族性や宗教は何かといったことを考えます。その上で、登場人物どうしの関係を知るには、まず血縁関係があるかどうか、そして師弟関係や雇用・被雇用の関係や友人関係などの関係があるかどうかを調べます。

『マヤへのご褒美』では、主な登場人物は四人です。ⅠとⅡで登場するマヤと父親は親子です。母親はいません。マヤが父親に勉強を教わっている場面で、背景に写真立てが見えます❷。おそらくマヤの母親の写真なのでしょう。ということは、マヤの母親は何らかの事情で亡くなったのではないかと想像されます。

マヤの父親は車で出勤している様子で、車を所有して維持する経済的余裕はあるようです。しかも、車に乗るときにいつも後部座席に乗っているということは、運転手を雇っているということなので、経済力はかなりありそうです。家の外ではいつもパリッとしたシャツを着てネクタイを締めているので、会社勤めか公務員なのでしょう。

Ⅲで登場する青年は、Ⅳでマヤと夫婦になります。Ⅳでマヤたちが住んでいる家は、かなり大きく立派な家です❿。自分たちで建てた家かもしれませんが、若くしてそれほど立派な家を建てたとも考えにくいので、もし

10

かしたらマヤの父親の家かもしれません。

マヤが「そのことを娘に教える暇がない」と言っていることと、マヤの服装などから考えると、マヤは外で働いているのかもしれません。マレーシアで結婚した女性が働くことは一般的なのかどうか、関心を持った人は、本やインターネットなどで是非調べてみてください。

マヤの夫となった青年はどうでしょうか。いちおうシャツを着てネクタイをしていますが、マヤがよそ行きの服装をしているのに比べると、ネクタイは首まわりを大きく広げており、会社勤めというよりはもう少し自由な立場で仕事をしているような印象も受けます⑪。

よそ行きの格好をしたマヤと、それなりの服を着てはいるものの緊張感はあまり感じられない夫。娘と一緒に自宅の庭で食事の準備をしている。これはどんな状況でしょうか。

ここから先は正解はなく、それぞれが想像を逞しくするしかありません。この日は休日で、マヤも夫も仕事は休みですが、マヤの仕事上の関係者を招いてホームパーティーをすることになっているというのはどうでしょうか。マヤは自分の仕事がかかっているのでやや緊張していて、それを夫が食事の準備をしながら緊張をほぐしてあげているところかなと想像してみるのも一例でしょう。

11

映画の読み解き（5） 違和感を探す

映像の中に違和感を探すと、それが物語をより深く理解する手がかりになります。ただし、違和感が違和感として捉えられるようになるには、ある程度の知識や経験が必要です。ただ漫然と見ているだけでは不思議な点は見えてきません。

『マヤへのご褒美』では、前項でも書きましたが、Ⅳの場面でマヤと夫がそれぞれどのような仕事をしているのかが気になります。マヤと夫の服装のことは前述しましたが、それ以外にも、若い夫婦にしては立派な家に住んでいることも気になります。夫の父親は自分で体を洗うことができずに息子に体を洗ってもらっていたので、大きな財産があったとは考えにくく、そうなると二人の家はマヤの父親のものを受け継いだのかもしれません。そうだとすると、マヤの父親がどこに行ってしまったのかも気になります。同じ家に住んでいるけれどたまたま画面に映っていないだけなのか、仕事か何かでこの日はちょうど家にいなかったのか、それとも別の事情でしょうか。正解があるわけではありませんが、このことを考えるには、マレーシアで両親との同居がどのくらい一般的なのかといったことを調べてみる必要がありそうです。

また、映像の中のちょっとした事柄にも意味が込められていて、映画の物語を読み解く上で大切なことです。ただしこれも、ただ漫然と見ていると分かりません。映像が取り上げている事柄にはそれぞれ意味があるのではないかと注意深く見る目が必要です。

『マヤへのご褒美』の冒頭の場面で、マヤの父親がマヤの靴の紐を縛ってあげています⑫。クローズアップされたこの映像には意味があります。マレーシアでは、子どもが小学校に入学した最初の日、出かける前に親が靴の紐を結びます。最初に一度だけ親が結んであげて、次からは自分で結ぶようにということで、入学祝いのような意味があります。普通は母親が結んであげるのですが、マヤの家では父親が結んでいます。したがって、一般のマレーシア人は、冒頭の場面を見ただけで、マヤは小学一年生になったばかりだとわかるし、たぶんマヤの家には母親がいないのだろうなと思うのです。

映画『マンガ肉と僕』を読み解く

短い映像作品で練習したところで、実際の映画を読み解いてみましょ

12

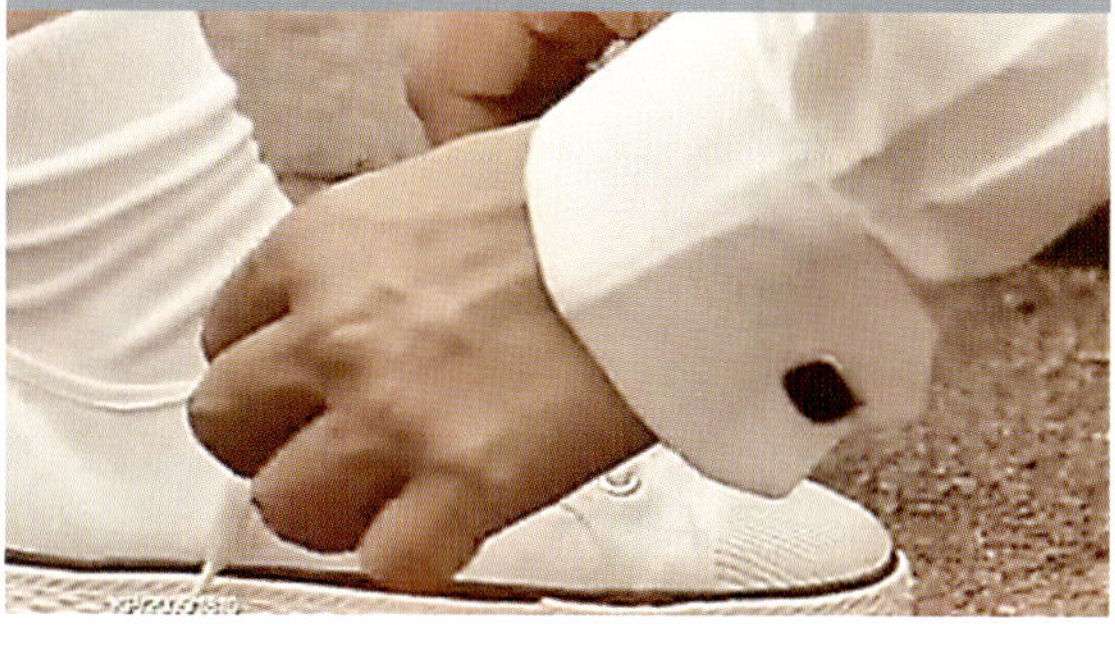

13

う。一口に映画といっても、恋愛、コメディ、サスペンスなど様々なジャンルがありますが、ここでは大学に入ったばかりの読者が主人公と同じ年齢層で馴染みやすいように、大学を舞台にした作品を取り上げます。

本書の主な読者は大学でフィールドワークを学ぶ学生でしょうから、筆者が勤務する京都大学が映像の舞台になっている『マンガ肉と僕』という映画を題材にしたいと思います⓭。朝香式の同名の小説（新潮社刊）が原作で、女優でプロデューサーの杉野希妃の初監督作品です。二〇一四年に京都国際映画祭と東京国際映画祭で上映され、翌年に一般の劇場でも公開されました。実はこの映画もマレーシアと深い関係にありますが、そのことは杉野希妃のプロフィールとあわせて後で紹介します。

■あらすじ

『マンガ肉と僕』の上映時間は九四分なので、これを四分割してみます。ただし、ネタばらしになるとよくないので、Ⅱ以降は主な登場人物だけ書いておきます。

Ⅰ　大学一年生のワタベ（三浦貴大）は、太っていて何日も風呂に入っていない風体のクマホリサトミ（杉野希妃）と授業で隣になって知り合う⓮。クマホリはワタベの部屋に泊まりこみ、何もせずにワタ

14

べに買ってこさせたマンガ肉を食べ続ける。預金がなくなったワタべはアルバイトを始め、バイト先で大学一年生のヤブノ（太賀）や料理の専門学校に通っているホンダ・ナコ（徳永えり）と出会う。

Ⅱ　ワタべはナコと付き合うようになるが……。

Ⅲ　三年後。ワタべはゼミ合宿で大学院生のサヤカ（ちすん）と出会う。そして……。

Ⅳ　五年後。ワタべはヤブノに教えてもらってサトミが開いた小料理屋を訪ねてサトミと再会するが……。

■空間――京都大学と京都市内

映像を見れば、舞台が京都大学であることは、大学関係者や京都の市民ならたいていすぐにわかります⑮。ただし、作品中は「キョーホク大」となっていて、注意して見ると、ワタべが代返のために写している学生証に「京北大学」と書かれています。ということは、この映画の世界には「京南大」という大学もあるのかもしれません。ちなみに京北大学の所在地は「京都市左京区吉田本町」となっていて、現実の京都大学本部キャンパス（吉田キャンパス）の所在地と同じです。

『マンガ肉と僕』には、京都の学生に馴染みがある場所が多く出てきま

15

す。

冒頭でワタベが自転車で大学に通う場面、彼は出町柳商店街のあたりから賀茂川と高野川を越えて⑯、百万遍の交差点を渡って大学構内に向かっています。ただし、現実の京都大学だとすると大学構内への入り方は不自然で、京大関係者ならすぐに気づくのですが、百万遍の交差点付近にある門からではなく、広大な本部キャンパスを挟んだほぼ反対側にある正門から大学構内に入っています⑮。そうするためには、百万遍から東大路通を南下して一条通を東進する必要があります。

おそらく、川を渡って通学している場面と正門から大学に入った場面があった方が、いかにも京都の大学らしい「絵になる」と考えたのでしょう。映画は現実をそのまま描かなければならないわけではないので、現実との些細な違いを見つけてそのこと自体を問題にするのはあまり意味がないように思われます。しかし、映画を読み解く際の楽しみの一つとして、映画世界の登場人物になりかわって、あえてそのようにした理由を考えてみるのもおもしろいでしょう。これは、撮影場所をよく知っているからこそできる深読みだと言えるかもしれません。たとえば、東一条（東大路と一条の交差点）にある立看板は京都大学の名物の一つですが、ワタベはそれを確認したかったのかもしれないとか、いろいろ想像を膨らますのも一つでしょ

16

う。

さて、構内に入ったワタベは時計台の前を横切ってしばらく構内を走り、自転車を停めると階段を上って教室に入っていきます。この建物は特徴的なので、京都大学の学生なら場所が思い当たるかもしれません。ワタベは法学部の学生ですが、法学部ではなく、その隣の建物です⑰。

授業の後にワタべが女子学生に代返を頼まれるのは百周年時計台記念館の北側⑱で、ワタべがそこに西側から歩いてきたのは、授業の後に附属図書館に寄ってきたからか、それとも大学生協の書籍部に寄ってきたからかもしれません。

大学を出て、京都市内に目を向けてみましょう。ワタベのアパートがどこにあるのかは、映画の中ではあまりはっきりしません⑲。賀茂川と高野川を自転車で渡ってきたのが通学路だとすると、京都市上京区の、しかも今出川通よりも北側のあたりに住んでいるような気もします。もっと遠くの京都市北区や右京区の北側とも考えられますが、一般的に言って大学からは遠すぎます。でも、後でナコと会うときには叡山電鉄の出町柳駅から出てきているので⑳、もしかしたら左京区下鴨のあたりに住んでいるのかもしれません。待ち合わせ場所を出町柳駅にしたのは、別の場面でわかるように、ナコが借りている部屋が出町柳駅のすぐそばだからです。

『マンガ肉と僕』には京都の商店街が二箇所出てきます。一つは出町柳商店街㉑、もう一つは古川町商店街㉒です。古川町商店街の南西には古川町橋があります。白装束をまとった比叡山の行者がこの橋を渡るので行者

17

18

19

20

橋や一本橋とも呼ばれています。ワタベとナコが花火をしたのがこの橋の上ですし⑬、再会したワタベとサトミが挨拶を交わすのもこの橋の前です㉒。この橋を渡った先には知恩院の古門があります㉓。ワタベと別れたサトミが去っていくラストシーンはこの古門です。

このほかにも、『マンガ肉と僕』には京都市内の風景がいくつも出てきます。スチール写真で示してみましょう。京都に詳しい読者なら、それぞれどの場所か比較的容易にわかりますが、そうでなくても、有名な観光地近くの風景もあるので、Googleマップ（下図）などのインターネット上のサービスを使うとけっこう特定できそうです。

ワタベがアルバイトを探しに行き、アルバイト仲間と一緒に帰ってくる場面㉔㉕㉖。

ワタベがアルバイト先のナコとデートする場面。四条大橋で待ち合わせして巽橋のそばでお好み焼きを食べています[*13]㉗㉘。

ワタベがゼミの先輩サヤカと哲学の道でデートする場面㉙。

ワタベがヤブノに誘われて木屋町で悪い遊びに行ってきた場面㉚。

場所が分かったら、出来れば実際に自分でこれらの場所を訪れてみたいものです。そして、携帯電話のカメラでもいいので、映画の場面と同じ構

＊13 **出会いと橋** この作品では男女の出会いの場として橋が多用されている。「橋」の持つ象徴性については52頁で後述する。

Googleマップ上に映画の舞台を示す（Map Data©2015 Google, ZENRIN）

21

22

23

24

25

図で写真を撮って、それを実際の映画の場面と比べてみてください。同じように見えますか、それとも違うように見えますか。ためしに、知恩院の古門の前で私が撮った写真を㉓と比べてみてください（43頁㉛）。

同じ場所で撮ったのにずいぶんと違う印象を受けたとしたら、それは、手持ちのカメラで撮った写真には道路標識や自動販売機、電線など、まわりにいろいろなものが写りすぎているためです。逆に言えば、映画の場面はか

26

27

28

29

30

なり意図的に現実世界の一部を切り取ったものだということです。しかも、その構図で見えるものを平均的に切り取るのではなく、特定の部分に焦点を当てて、それ以外の部分は大胆にばっさり切り落としてしまいます。そこが映画の醍醐味であり、良くも悪くも「映画の嘘」と呼ばれる部分です。

ただし、現実の一部を切り取って見せるのは、映画だけが行っていることではありません。新聞やテレビなどの報道も、そして研究者や学生が書くレポートや論文も、現実の一部を切り取って見せているという点では同じです。映画は芸術作品なので、ある人がある場面を切り取ったときにその理由をいちいち説明する必要はないし、別の人が同じ場所で撮影したときに全く別の切り取り方をしたとしても問題ありません。

それに対して、ある場面を切り取れば必ず落ちるものが出てきますが、研究ではどうしてそういう切り取り方をしたのか（逆に言えば、どうしてそれ以外の部分を落としたのか）を明確にしなければなりません。この点で映画と研究では大きく違っているようにも見えますが、現実世界の一部を切り取って見せているし、出来の良し悪しが切り取り方にかかっているという点で、両者に大きく変わるところはありません。だから、研究するときには、自分はその研究でどの部分を切り取っているのか（どの部分を落としているのか）を常に意識することを忘れてはなりません。

■時間――三年後と五年後

『マンガ肉と僕』の映画世界は、いったいいつの物語でしょうか。台詞で「今は西暦何年」とはっきり言っていればいつの話かわかりますし、現実の出来事を題材にしていればいつのことかわかりますが、そうでない場合は映画の中に時期を思わせる情報がないかを探すことになります。

31

東北地方の震災の話や復興支援の募金をする人が出てくるので、二〇一一年より後、ただしそれから一〇年も二〇年も経ってはいない時期だろうとわかります。テレビで政治家が従軍慰安婦について発言していることも時期を特定するヒントにはなりますが、この手の発言はこれから先も何度も出てくるかもしれないので（出てこないといいのですが）、時期を特定する根拠としては少し弱いでしょう。

　ワタべがクマホリに見せた肉の請求書には七月二一日から八月八日までの日付があるので、ワタべがクマホリと過ごしたのは七月から八月にかけての三週間程度のことだとわかります。それが二〇一一年なのか二〇一二年なのかは、映画を観ているだけではわかりません。

　ほかに、この物語がいつ頃の話かわかる情報はあるでしょうか。ワタべが持っているｉＰｈｏｎｅの型を見ると何年頃のモデルかわかるかもしれません（が、もしかしたらワタべはビンテージもののｉＰｈｏｎｅを使う趣味があるかもしれないのでそれだけでは決定的な証拠にはなりません）。ナコの部屋に置かれていたファッション雑誌32や、サヤカが通っていた図書館の新刊紹介の欄に置かれていた本33も、いつ頃の物語なのか知る参考になるかもしれません。さらに、ファッションや自動車に詳しい人ならば、映っている人たちのファッションや通り掛かる自動車を見て、何年ご

32

ろの流行りかわかるかもしれません。

実際には、ワタベの預金がほとんど底をついたという場面で示される銀行の利用明細書の日付が平成二三年になっています。また、ワタベが買った肉のレシートの日付が二〇一一年七月二一日になっているので、そこまで注意深く見れば、この映画は二〇一一年の話だとわかります。もっとも、どちらも画面に一瞬しか出てこないので、劇場で映画を観ていると気がつかないかもしれません。そこで、物語の始まりは漠然と二〇一一年頃としておきましょう。

作品の中で、「三年後」「五年後」という画面が出て、それだけ時間が流れたことが示されます。最初の場面が二〇一一年だとすると、三年後は二〇一四年です。『マンガ肉と僕』が製作されたのは二〇一四年なので、ちょうど作品中の時間と実社会での時間が重なります。

その五年後は二〇一九年です。映画を見ていると、しだいに時が流れていって最後の場面が現在の話だろうと思ってしまうかもしれませんが、実は映画が公開された時点から見て未来の出来事です。Ⅳでワタベがサヤカとデートしたりクマホリと再会したりするエピソードは、まだ実現していない未来の先取りということになります。

登場人物の年齢はどうでしょうか。授業で教科書を見せてくれたお礼に

クマホリがワタベを食事に誘い、クマホリはワタベにビールを差し出します。実はその日はワタベの二〇歳の誕生日で、その日からビールが飲めることになったのでした。ということは、この物語はワタベにとって一九歳から二七歳までの話ということになります。ちなみに、この場面でクマホリは肉を焼いてワタベの皿に入れてあげています㉞。日本社会の中ではそれほど明確ではありませんが、その他のアジア、特に中国系の人々の間では、食べ物をとってあげる行為は親子・夫婦や恋人どうしの間の親密さに直接つながります。ですから、中国系の人がこの場面を見たら、クマホリはワタベの恋人になろうとしているのかと思うかもしれません。

さて、映画の中の時間には、そこで描かれている絶対的な時間と、登場人物に照らして観客一人ひとりが受け止める相対的な時間の二つがあります。『マンガ肉と僕』でいえば、そこに映し出されている時間とは、二〇一一年頃の夏と、それから三年後と五年後です㉟。いつ、誰がこの映画を見ても映っているものは同じですから、絶対的な時間です。しかし、映画の登場人物たちは、何年の出来事かを明瞭に語ってはいません。登場人物のワタベに着目すると、「大学に入って一年目の夏と、その三年後と五年後」であって、二〇一一年かもしれないし、もっと前かもしれません。観客にとっても同様で、二〇年後に大学生がこの映画を見て自らの学生時代

34

をワタベの物語に重ねたとしたら、この映画の中の時間は二〇三〇年頃のことということになります。つまり、劇中で明示的に設定されない限り、物語中の時間は見る人によって変わる相対的な時間です。

さてみなさんは、二〇一一年の夏、どこで誰と何をしていましたか。そのとき、どんなことを考えていましたか。あるいは、大学に入って一年目とは何年のことで、その夏にはどこで誰と何をしていましたか。そのとき、どんなことを考えていましたか。（もし読者が大学に入って一年目の夏をまだ迎えていなければ、そうなったときのことを想像してみてください。）その三年後と五年後、どこで誰と何をしているでしょうか。そして、どんなことを考えているでしょうか。あなたが仮に大学一年生だとして、大学四年生になったとき、さらにそれから五年が経ったとき、あなたが考えていることは、八年前や五年前に考えていたことと同じでしょうか。そのように考えてみると、映画における相対的時間とは、ずっと過去にも未来にも開かれていることがわかります。

引用され参照される事柄への着目——原作への足し算と引き算

『マンガ肉と僕』には原作の小説がありますが、原作と比べてみると映

35

画にはいろいろと違うところがあります。原作の小説はとても短いもので、クマホリ（熊堀）サトミは出てきますが、ナコはあまり出てきませんし、サヤカはほとんど名前だけの登場で、しかも法学を学ぶ大学院生ではありません。小説の舞台は東京の阿佐ヶ谷で、物語の始まりは二〇〇二年です。ほかにもいろいろ違いがあって、サトミとワタベの結末も映画と小説では大きく異なっています。

小説や漫画が映画化されたとき、原作の作品世界が好きであればあるほど、映画がそれをうまく再現できていないことに不満を感じてしまうことがあります。しかし、小説も漫画も音楽も映画も、それぞれ得意とする表現分野と不得意とする表現分野があり、得意分野を伸ばして不得意分野をカバーするものですから、メディアが違えば強調点も当然違ってきます。それぞれのメディアにどのような制約があって、どのような工夫を凝らして作品を作ったのかを見ることで、その作品を通じて制作者が届けようとしたメッセージを受け止めることができます。原作にはないけれど映画に盛り込まれたものを見ると、その映画に込められたメッセージを読み解く手助けになります。その逆に、原作にあるのに映画から落とされた部分を見ても、作品に込められたメッセージを読み解く助けになります。

原作への足し算と引き算を見るほかに、映画の中で引用や参照されているものを探すことも、映画から情報を引き出す一つの方法です。過去の映画から引用や参照されているものもあれば、小説や漫画、歌や音楽、あるいは現実世界の出来事など、様々なものが引用や参照の対象になります。直接言及されているものもあれば、わかる人にだけわかるような引用や参照のしかたをしているものもあります。

『マンガ肉と僕』の映画にはどのような引用や参照が見られるでしょうか。

ワタベとヤブノが四条付近の鴨川沿いで話をしている場面で、「タニザキのシュンキンショー」という小説の話をしています[36]。谷崎潤一郎の『春琴抄』のことで、盲目の三味線奏者の春琴に丁稚の佐助が献身的に仕えていく物語です。一九三三年に『中央公論』に発表され、今でも文庫で読むことができます。何度か映画や舞台演劇になっていて、一九七六年の映画では山口百恵と三浦友和が春琴と佐助を演じました。この二人が四年後に結婚して生まれたのが俳優の三浦貴大で、『マンガ肉と僕』でワタベ役を演じています。ヤブノに「谷崎の春琴抄って読んだ?」と尋ねられたとき、ワタベは「ええ」と答えましたが、三浦貴大としてはどう思っていたのでしょうか。話はそれますが、ワタベがナコと出会った日、飲み会でナコがワタベに作ってあげた飲み物は黒霧島でした[37]。三浦貴大が二〇一

36

四年にテレビCMに出ていた焼酎ですね。

話を映画に戻すと、ワタベとヤブノは、美貌の春琴が就寝中に何者かに顔面に熱湯をかけられてその美貌を失い、その後に弟子で世話役の佐助が自分の目を突いて失明するという『春琴抄』のエピソードを取り上げて、男にとって女の外見は重要なのか、女にとって男の視線は罪作りなのかを議論しています。ヤブノは、春琴は醜くなった自分の顔を見せたくなかっただろうし、佐助もその気持ちが痛いほどわかったのだろうと言い、自分は愛する女性のために目を捧げることができるだろうかと自問します。これに対してワタベは、佐助は自分が愛しているのは春琴の外見ではなく内面だと確信したいために春琴に熱湯をかけたのではないかという自説を展開します。文学部のヤブノはロマンチックな解釈を求め、法学部のワタベの関心は真犯人探しとその動機に向かっています。それぞれの専門分野の知識を総動員して互いに噛み合わなくても自分の意見を主張しあうのは大学生らしくて興味深い場面ですが、さてこの場面からどんな情報が引き出せるでしょうか。「外見と内面」という問題が映画『マンガ肉と僕』の一つのモチーフになっていて、そこが『春琴抄』と共通しているのは間違いないでしょう。と同時に、春琴が三味線奏者であるということが、映画の中で使っている音楽にも気づいてほしいという制作者のヒントとなってい

37

るかもしれません。というのも、『マンガ肉と僕』では、ワタベをめぐってクマホリ（サトミ）、ナコ、サヤカの三人の女性が登場しますが、クマホリの場面では笛、ナコの場面では琴、サヤカの場面ではピアノが使われており、それぞれ彼女らの雰囲気を醸し出しているからです38。

映画が映画を引用したり参照したりする場合、タイトルのつけ方やその書き方にメッセージが表れることもあります。

『マンガ肉と僕』の英語タイトルは、日本語タイトルの直訳と大きくかけ離れた「Kyoto Elegy」となっています。日本の映画史に詳しい人なら、溝口健二監督の『浪華悲歌』（なにわエレジー）という映画があり、その英語タイトルが「Osaka Elegy」だったことを知っているかもしれません。『浪華悲歌』や溝口健二監督については批評や研究がたくさんあるので、興味がある人は調べてみてください＊14。また、『浪華悲歌』も、機会があればぜひ一度見てみてください。関西弁の台詞や橋の上での別れといった、この二つの映画の間に見られる外見上の共通点はすぐ見つかるでしょうが、テーマやメッセージの共通点や相違点も、調べていくほどわかってくることが出てくるはずです。それを考えていくことで、『マンガ肉と僕』に込められたメッセージがより深くわかるかもしれません。

38

＊14 映画・映像データベース
映画やドラマでタイトルに「エレジー」を含むものは多い。世界の映画・映像のデータベースであるＩＭＤｂ（http://www.imdb.com/）で作品タイトルに「elegy」が含まれるものを検索すると、テレビドラマや短編を含めて約一二〇件ヒットし、その中には『マンガ肉と僕』も『浪華悲歌』も含まれている。

狭間の価値――橋やほとりの意味

前述したように、『マンガ肉と僕』には橋の場面がたくさん出てきます。橋（はし）の語は、端と端の間に渡して繋ぐものに由来すると言われています。つまり、橋とは「こちらの世界」の端と「あちらの世界」の端を繋ぐもので、やや大げさに言えば、異界との境界なのです。『マンガ肉と僕』の各場面に出てくる場所を京都の地図に落としてみると、鴨川沿いに集まっていることがわかりますが、物語が川沿いで展開していることの意味を考えてみてもおもしろいでしょう。そうすることで、製作者もはっきりと気づいていなかった意味が浮かび上がってくるかもしれません。

ワタベが出会う三人の女性のうち、ナコとは橋やその付近でデートする場面が多く、サヤカとは湖や川のほとりで過ごす場面が多いようです。橋が「こちらの世界」と「あちらの世界」を繋ぐ狭間だとすれば、湖や川のほとりは、陸という「こちらの世界」と湖や川という「あちらの世界」の狭間の場所だと言えます。それに対してクマホリは、映画の前半では川や橋とは縁遠そうな場所で肉を焼いて食べているイメージが強く、ほかの登場人物に比べて特に異界感を漂わせています。『マンガ肉と僕』の冒頭に、自転車に乗ったワタべをカメラが追いかける長い場面がありますが⑯、あれはワタべが二つの川を渡って「こちらの世界」に入ってくることで物語が始まるという異界側の視線を暗示しているのかもしれません。

橋やほとりには、地理的なものだけでなく社会的なものもあります。たとえば大学生という存在は、もはや高校時代までのように大人の庇護下にいる子どもではありませんが、その一方で、まだ社会人ではないという意味で一人前の大人としては扱われません。大人の世界と子どもの世界の狭間にいるという意味で、社会的な橋やほとりの存在だと言えます。54頁のコラムで紹介する映画『ほとりの朔子』も、主人公の朔子たちが海のほとりでひと夏を過ごすという意味で地理的なほとりが舞台となっている物語ですが、朔子は大学受験に失敗した浪人中で自分の将来を決めかねている、いわば社会的なほとりの存在です。そのような朔子の目を通して見た大人たちの世界や子どもたちの世界が描かれる映画です。

狭間にいる人は、どちら側にも自分の居場所がないと考えがちですが、見方を変えるとどちら側にも足場がある存在です。一つの場所だけに縛られないことから利害関係やしがらみから自由で、よその世界の考え方や道具を持ち込むことができるため、狭間にいる人は新しい価値をもたらすことがあります。また、複数の場所に足場があると、たとえ失敗しても立ち

Column

映画の中の地域研究者

世界を切り取って示すという意味で、映画と地域研究には共通点が多くあります。地域研究者が登場する映画も作られていて、このブックレットで紹介した杉野希妃のプロデュースによる『ほとりの朔子』（深田晃司監督、二〇一三年）は、地域研究者が重要な役で登場する映画の一つです。

『ほとりの朔子』は、大学受験に失敗して現実逃避中の朔子（二階堂ふみ）が、叔母・海希江（鶴田真由）の誘いで海辺の町で夏の終わりの一〇日間を過ごす物語です。朔子は海希江の古馴染みの兎吉（古舘寛治）や娘の辰子（杉野希妃）、そして甥の孝史（太賀）と知り合います。小さな街の川辺や海や帰り道で会い、語り合ううちに、朔子と孝史の距離が縮まっていきます。

朔子は、美しく知的でやりがいのある仕事を持つ海希江を慕い尊敬しています。海希江はインドネシアを専門とする地域研究者で、この夏休みはインドネシアの歴史書を日本語に翻訳する仕事に取り組んでいます。

実際にインドネシアをはじめ世界各地を訪れ、アフガニスタンを旅した本も書いている鶴田真由が地域研究者の役を演じることで、本物以上の雰囲気を醸し出しています。しかも、朔子の無邪気な言葉や態度によって意図せずして海希江が挑まれている様子を描くことで、世の中を観察し、翻訳し、世界観を紡ぐ地域研究という営みに果てがないことがうまく描かれています。

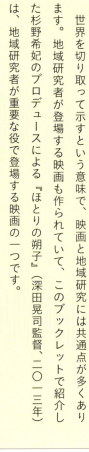

朔子は、海辺を二人で歩きながら、日本国内にも困っている人がいるのになぜ外国のことを調べたり助けたりするのかという本質的な問いを海希江に突きつけます。それに対する海希江の答えは映画を見ていただくのがよいでしょう。もっとも、朔子は海希江の生き方を否定的に捉えているわけではないようです。一〇日間の夏休みを終えた朔子は、将来の進路を確かなものにするため、物語の終わりで家に帰ります。将来何をしたいかを海希江に尋ねられても「秘密」としか言わないけれど、その方向性はなんとなく想像がつく気がします。

海希江が翻訳中のインドネシアの本に出てきた節黒仙翁（フシグロセンノウ）の花を探しに行ったとき、「転職」「転機」を花言葉とするその花を先に見つけたのは朔子でした。さっそく花の写真を撮ろうとする海希江に、朔子は「食べないの？」と尋ねます。海希江が翻訳中の本では、死んだ弟が毎晩幽霊になって帰ってきてその花を食べると書かれていたためです。本の登場人物である幽霊の気持ちを知るために自分もその花を食べてみたい、直接知りたいものだけでなく、それに関わることを端から端まで調べたい、実際に体験したいという気持ちに駆られるのが地域研究者の性だとすれば、朔子にははじめからその素質が十分にあったようです。

直りが早いため、新しいことに挑戦しやすくなります。歴史をひも解いてみると、いつの時代でも、どの地域でも、世の中の問題にいち早く気づき、そこに働きかけて世直しを先導してきたのは、いろいろな意味で狭間にいる人たちでした。『ほとりの朔子』は地域研究者を題材にしていますが、地域研究をはじめとしたフィールド科学とは、狭間の価値を持った学問です。

映画は、現実の世界を映した場面を使った比喩的な表現に長けているという意味で、橋やほとりを映し出すのが得意なメディアです。地理的な橋やほとりもあれば社会的な橋やほとりもあり、見てすぐにそれと気づかないものもありますが、映画を見るときにはどこかに橋やほとりが形を変えて現れていないか、そしてそれはどの世界とどの世界の狭間なのか、と気をつけて見てみるとおもしろいでしょう。

制作者自身を知る

『マンガ肉と僕』の映画には、本質主義と構築主義についての議論が大学の講義でなされるという場面があります。これは、『マンガ肉と僕』と同様、クマホリ役の杉野希妃が主演してプロデューサーも務めた『ほとりの朔子』39（コラム参照）の中で、大学の西洋美術史の先生が「主観に先

39

立つ客観はない」と話していることと重なる部分があります。『ほとりの朔子』にも「目の前にあるものがどう見えるか」と「実際にそれがどうであるか」は同じとは限らないという例がいくつも出てきます。

以上の講義のエピソードも原作にはないものですが、映画に登場する東日本大震災と原発事故に関するやりとりも原作には出てきません。これも、同じく杉野希妃が主演してプロデューサーも務めた『おだやかな日常』が震災と原発を題材としていて、重なる部分があります。『マンガ肉と僕』ではワタベが福島県の相馬出身ですが、『ほとりの朔子』では、福島県の被災地から避難してきた亀田孝史という高校生が登場し、『マンガ肉と僕』のヤブノ役を演じた太賀が演じています。

杉野希妃という人は、広島県出身の女優・プロデューサーです。自身が女優として映画に出るとともに、映画のプロデュースもしており、日本を拠点にアジア各国を越境した映画を多く作っています。本書の前半で紹介したマレーシアのヤスミン・アフマド監督とも密接な関係があります40。

ヤスミン監督は、二〇〇四年頃から毎年ほぼ一作ずつ長編映画を製作していました。ヤスミン監督の母方のお祖母さんは日本からマレーシア（当時の国名はマラヤ）に渡った女性だったそうで、次の作品はお祖母さんの出身地である日本を舞台に撮ろうと思っていたそうです。その作品は『ワ

40

左から、杉野希妃、シャリファ・アマニ、ヤスミン・アフマド

スレナグサ』というタイトルまで決まっており、撮影地の下調べまで終えていましたが、撮影に入ろうとしていた矢先の二〇〇九年七月、ヤスミン監督は脳溢血で突然亡くなってしまいました。その『ワスレナグサ』に出演してダブル・ヒロインを演じる予定だったのが、マレーシアのシャリファ・アマニと日本の杉野希妃の二人でした。シャリファ・アマニは、『マヤへのご褒美』で大人になったマヤを演じています。ヤスミン監督が亡くなった後、シャリファ・アマニと杉野希妃はそれぞれ女優として活躍するとともに映画製作にも携わり、シャリファ・アマニの初監督作品が『サンカル』、杉野希妃の初監督作品が『マンガ肉と僕』です。

このように、映画にはいろいろなものが引用・参照されています。『マンガ肉と僕』をざっと見ただけでも、小説や音楽や過去の映画やテレビCM、そして実際の出来事など、様々なことが織り込まれています。引用・参照によって一つのものを作り上げるという点では、大学で書くレポートや論文も同じですが、レポートや論文では引用や参照をした場合にそれが誰のどの仕事から引用や参照したのかを一つ一つ示さなければなりません。もしそれを示さずに引用や参照をしていると、剽窃という最も大きな過ちになります。それに対して、映画ではどこから引用や参照を行ったかを明示する必要はなく、観客がそれに気づくかどうかが試されている部分があります。

映画人の世界では、過去の有名な映画作品からの引用・参照に気づかないのはとても恥ずかしいことだとされていて、レンタルDVDやインターネット配信がなかった時代には、映画の世界に進もうという人は映画館に通いつめて過去の作品を見て、その細部まで把握しようとしたものだそうです。今では家庭にいながら過去の映画が見やすくなったため、その点ではとても便利になったといいます。

ただし、映画人として見るべき映画の本数はどんどん増えていますし、従来のような邦画と洋画の区別に収まりきれないジャンルの映画も増えてきました。日本以外のアジア諸国で作られているアジア映画がそうです。しかも、アジア映画には、製作や物語が複数の国をまたいでいる混成アジア映画も増えています。参照される映画がますます多様化している状況では、映画制作の現場について知ることも、時代や地域への理解をより重層的にしてくれます。

切り取り(フレーム)、紐づけ(スクリーン)、読み替え(オーディエンス)

最後に、映画がどのような情報をもたらしてくれるのか、映画を構成するフレーム、スクリーン、オーディエンスの三つの要素に着目しながらこれまでの話を整理してみましょう。

映画はフレームで切り取られています。フレームの中に入れられるものは限られていて、そこにあるのは作り手によって現実から意図的に切り取られた世界です。フレームの中には全て均等に意味が与えられているのではなく、特定のものに焦点があてられていて、それ以外のものは前景になったり背景になったりします。さらにその外側に目を向けて、フレームの外側に何が広がっているかを意識しながら一歩引いてスクリーンを見てみると、フレームの中に映されていたシーンがどのような状況や環境に置かれていたかを知ることができます。また、そのようなシーンを描くために作り手が何を切り捨てたのかがわかります。

スクリーン上に描かれている場面は、意図的に切り取る作業がなされた結果ですが、スクリーンは現実から完全に切り離されているわけではありません。むしろ、スクリーンを通じて現実に紐付けされています。フレームの中に入れるものを作り手がどんなに入念に取捨選択したとしても、現実のものを使って制作する以上、そこには現実の世界が映りこんでしまいます。だからこそ、私たちは、スクリーンに映し出されているものが架空のものだと知りながら、その映像や物語を現実の世界のできごとと結びつけて受け止め、心が動かされるのです。

＊15　メモハンでロケハン

映画やテレビを制作する業界では、野外撮影する場所（ロケ地）を探すための事前調査をロケハン（ロケーション・ハンティング）と呼ぶが、最近では逆に、視聴者が映画やテレビドラマの撮影地を探し出し、その場所を訪問することで、それらの映像作品の物語世界を現実世界の中で楽しむ動きも見られる。

一枚の写真を手掛かりに、それが撮影された場所を探し出し、同じ構図で写真を撮ることで、写真に託された記憶や物語の追体験を助ける「メモハン」（メモリーハンティング）というスマートフォン・アプリが開発されている。「メモハン」を使うと、スマートフォンのカメラのファインダー上に過去の写真を半透明で重ね、現在の風景と構図を揃えてシャッターを押すことにより、あらかじめ登録された写真と同一の構図で写真を撮ることができる。これまでに、メモハンを使って歴史写真の場所を特定したり被災地の景観の変その一方で、スクリーンに映し出されたものをオーディエンス（観客）が受け止める際には、映像をそのまま現実のものとして受け止めるだけではない作用が働きます。オーディエンスには、映像から物語を抽出して、その登場人物に自己投影して受け止めようとする心の働きがあるためです。興味深いのは、自分の実際の属性とは異なる属性を持つ登場人物に自己投影することがあることです。国民的プロパガンダ映画が成立するのは、階級で見れば敵と味方に分かれる富裕層と貧困層を、属性の違いを越えて同じ立場の国民として動員する力を持っているためです。また、女性が男性登場人物の立場を体験したり、男性が女性登場人物の心情を理解したりするように、映画は、オーディエンスが自分の属性と異なる属性の人々になりかわって、その体験や思いを追体験する機会を与えてくれます。[*15]

映画のこのような特性を逆手にとれば、映画を通じて現実に働きかける試みも考えられます。映画を作ることで世の中をどう変えるかという作り手の立場もあるでしょうが、ここではそのことは考えず、映画の読み解きを豊かにすることに力点を置きます。映画の読み解きが豊かになると、それを通じて世界の読み解きも豊かになるためです。映画は、多くの人が心に抱いているけれど言葉にして伝えることがあまりないような事柄を人に伝える形で示すことができます。スクリーンに託されたメッセージを深く

化を記録したりするプロジェクトが取り組まれている。詳しくは、メモハンを開発した国立情報学研究所のサイトを参照して欲しい。http://dsr.nii.ac.jp/memory-hunting/
メモハンはGoogle Playから無料でダウンロードできる。https://play.google.com/store/apps/details?id=jp.ac.nii.dsr.cias.hunting2&hl=ja

「メモハン」アプリ

掘り下げて読み解くことは、現実世界を読み解く力を身につけることですし、そのことを通じて世界に働きかけることにもなります。

現実世界が読めるようになるには

さて、これほどにたくさんの事柄が映画の中から読み取れるということは、もうお分かりかと思います。なかでも、映画が引用・参照している事柄は、現実世界の出来事が日々多様になっていることを反映して、ますます増えています。こうなってくると引用や参照を全部把握するのは大変ですが、自分が関心を持ったり専門に学んだりした分野に引きつけて見れば、全ては把握できなくても、漫然と鑑賞する場合に比べて遙かに多くの情報が引き出せます。

先述したように、社会階層や家族といった社会科学的な観点から見る、あるいは文学や歴史学といった人文学的な観点から捉えるという他にも、都市計画や建築、気象や環境といった自然科学の観点からも多くの情報が得られるはずです。また、学問領域としての専門だけでなく、対象地域としての専門も鍛えておくとよいでしょう。先に紹介した『マヤへのご褒美』の場合のように、描かれる地域についての知識を持っているか否かで引き出せる情報は大きく違うからです。そうした分野と地域についての情報はいつもアップデートしておき、それに関係する引用や参照が分かるようにしておくと、映画から読み解ける事柄もどんどん多くなっていくでしょう。

逆に言えば、自分が専門にしていない領域や見ず知らずの地域についての知識やそれを理解するセンスを、映画を通して身につけることもできます。冒頭に述べたように、現実の一側面が整理された形で反映されている映画は、現実を理解する分かりやすい教科書になる可能性があるといってよいのです。しかもありがたいことに、無料のネット動画と違い、産業化されることで、たいていは上質な翻訳という手続きが取られていることから、国境や言語の壁を易々と越えて視聴できる媒体です。ですから、見方しだいでは現実世界を広く理解していくことができる最良の手がかりといってよいでしょう。その点では、映画はいわゆる動画サイトに日々蓄積される膨大な情報の洪水とは明らかに性格が違います。

映画が好きで頻繁に見るという人口は減っているようですし、そのことはメディアの多様化や嗜好の多様化という時代の流れの中では当然のことかもしれません。しかし、大学で学ぶ上でも、実世界で生きる上でも、情報を読み解く鍵としての映画をもっと活用できることに気づいていただければ幸いです。

著者紹介

山本　博之（やまもと　ひろゆき）

1966年千葉県生まれ。2001年，東京大学大学院総合文化研究科博士課程・地域文化研究専攻単位取得退学。マレーシア・サバ大学専任講師，東京大学大学院総合文化研究科助手，在インドネシア・メダン日本国総領事館委嘱調査員，国立民族学博物館地域研究企画交流センター助教授などを経て，2006年より京都大学地域研究統合情報センター助教授（2008年より准教授）。博士（学術）。専門は東南アジア地域研究。主な研究テーマは，マレーシアの民族性と混血性，災害対応と情報，地域研究方法論，混成アジア映画。

主な著作に，『脱植民地化とナショナリズム——英領北ボルネオにおける民族形成』（東京大学出版会，2006），『復興の文化空間学——ビッグデータと人道支援の時代』（災害対応の地域研究1，京都大学学術出版会，2014），*Bangsa and Umma: Development of People-Grouping Concepts in Islamized Southeast Asia*（Kyoto University Press, 2011, Anthony Milner らとの共編著），*Film in Contemporary Southeast Asia: Cultural Interpretation and Social Intervention*（Routledge, 2011, David Lim との共編著）など。

＊本書は，京都大学地域研究統合情報センターの地域情報学プロジェクトの成果として刊行された。

映画から世界を読む
（情報とフィールド科学1）

2015年3月31日　初版第一刷発行

著　者　山本博之
発行人　檜山爲次郎
京都大学学術出版会
京都市左京区吉田近衛町69番地
京都大学吉田南構内（〒606-8315）
電　話　（075）761-6182
FAX　（075）761-6190
URL　http://www.kyoto-up.or.jp/
振　替　01000-8-64677

ISBN978-4-87698-875-4
Printed in Japan

印刷・製本　亜細亜印刷株式会社
カバー・本文デザイン　株式会社トーヨー企画
定価はカバーに表示してあります